Zauberhafte Ringe und Schmuck aus edlen Perlen

Lydia Klös

Vorwort

Ringe nach eigenen Vorstellungen aus hochwertigen Materialien selbst herzustellen macht Spaß. Sie sehen nicht nur schön aus und sorgen für anerkennende Blicke, sie sind außerdem strapazierfähig und durch die leichte Flexibilität besonders angenehm zu tragen. So manchen Ringmuffel haben sie schon überzeugt. Der Kreis der begeisterten „Ringefädler" wird immer größer. Neben einer Vielzahl von Modellvorschlägen in verschiedenen Farbvarianten finden Sie in diesem Buch auch gleich passende Kollektionen dazu. Selbst an passende Ketten für Brille und Handy wurde gedacht und ein Handy fürs Handy gibt es auch.

Viel Spaß beim Nachfädeln und Tragen wünscht Ihnen

Lydia Klös

Vielen Dank!

An dieser Stelle bedanke ich mich bei den Firmen Pracht Creatives Hobby und Rayher Hobby GmbH, die mir freundlicherweise Material zur Verfügung gestellt haben.

Danken möchte ich auch meiner Tochter Verena für die begeisterte Unterstützung beim Fädeln.

Impressum:

© 2004 Bücherzauber Verlag GmbH, 41540 Dormagen

ISBN: 978-3-935997-88-1 Best.-Nr.: 97884

Fotos: Peter Wirtz, Dormagen
Styling: Angelika Nowotny, Agata Franica
Grafik/Zeichnungen: Daria Broda
Lithos: IMS Integrated Media Solutions GmbH, Köln
Layout/Satz/Bildbearbeitung: Marion Haustein, Dormagen
Druck: Merkur Druck GmbH & Co. KG, Detmold ▪ www.merkur-druck-online.de

1. Auflage 2004

Material & Werkzeug

Schmuckzubehör
Quetschperlen,
Quetschkalotten, Spaltringe,
Ohrhaken, Ohrstecker, Creolen,
Prismen- oder Nietstifte,
Verlängerungskettchen,
Collierschlaufen,
Handyschlaufen,
Brillenschlaufen

Verschlüsse
Karabiner,
Rohrsteckverschluss,
Magnetverschluss,
Federverschluss

Perlen (Ø 2–10 mm)
Swarovski-Glasschliffperlen,
Glasschliffperlen, Rocailles,
Strass, Glasperlen, Edelstein-
perlen, Muschelperlen,
Perlen mit Strasseinsatz,
Würfelperlen

Schere

Prickelnadel

transparenter Perlonfaden

nylonummantelter Schmuckdraht

Lederbänder

Zentimetermaß

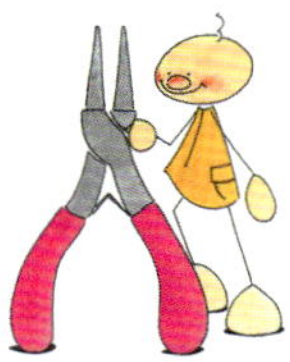

Flach- und Rundzange, Seitenschneider

Sekundenkleber, Kraftkleber, Zwei-Komponentenkleber

Zahnstocher

Pinzette, kleine Lupe mit Pinzette

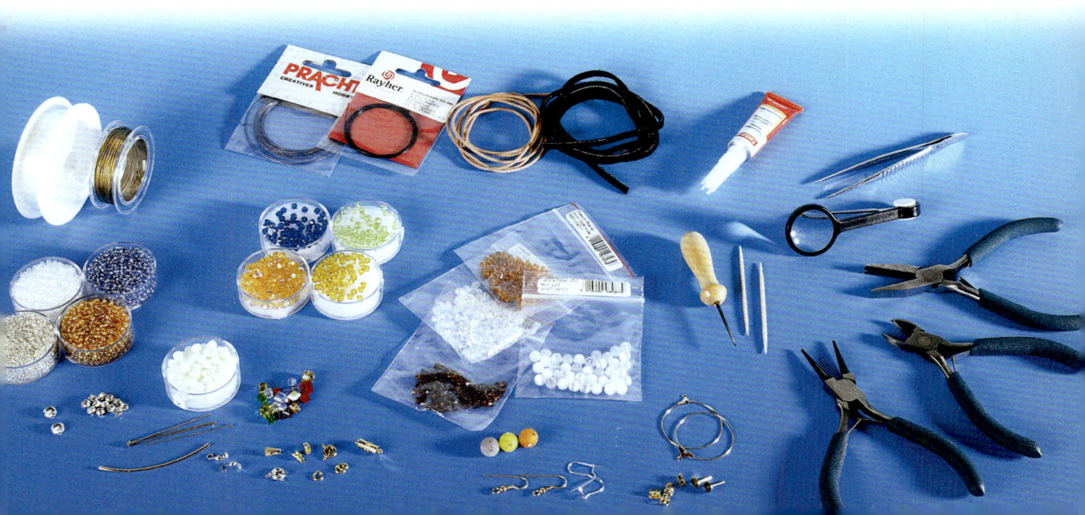

So wird 's gemacht!

Größen variieren

Durch Hinzufügen oder Weglassen von einem oder mehreren Mustersätzen lässt sich die Größe des Ring-, Arm- und Kettenbandes individuell anpassen. Eine Alternative sind Verlängerungskettchen.

Doppelt fädeln

Ringe, Armbänder und Ketten grundsätzlich doppelt fädeln. Hierdurch erhöht sich ihre Stabilität und sie erhalten zusätzliche Festigkeit. Ein dickerer Faden ist keine Alternative, da es auf das erneute Miteinander-Verzahnen ankommt. Bei Ringen mit Unter- und Aufbau wurde der Unterbau beim Fädeln des Aufbaus und Einfügen der seitlich stabilisierenden Rocailles bereits doppelt gefädelt. Nur den Aufbau miteinander verbinden und das Ringband doppelt fädeln.

Die Fädelanleitung

Folgen Sie den einzelnen Schritten der Fädelanleitungen auf dem Vorlagenbogen. Der Anfang ist entsprechend gekennzeichnet. Immer in der Fadenmitte mit der ersten Perle beginnen. Die beiden Fadenenden sind rot bzw. blau gekennzeichnet. Perlen, die neu hinzukommen, sind an dem schwarzen Rand und dem weißen Hintergrund zu erkennen. Bereits verwendete Perlen sind mit hellblauem Rand und Hintergrund gekennzeichnet. Vorhergehende Fadenführungen sind, sofern sie zur Orientierung noch belassen wurden, auch hellblau gezeichnet.

Durch Perlen kreuzen

Ein Fadenende von rechts nach links und das andere entgegengesetzt von links nach rechts durch eine oder mehrere Perlen führen. Hierdurch lassen sich zahlreiche Muster gestalten und Ringauf- und Ringunterbau miteinander verbinden.

Fäden verknoten

Sichern Sie die Enden zunächst mit einem Doppelknoten. Für den ersten Knoten den rechten Faden über den linken legen. Für den zweiten den linken Faden über den rechten legen. Den Knoten zusätzlich mit einem kleinen Tropfen Sekundenkleber fixieren. Dabei ist ein Zahnstocher sehr hilfreich. Die Fäden direkt im Anschluss noch einmal verknoten und dadurch den Kleber in den Knoten drücken. Nach einer kurzen Trockenzeit die Fadenenden jeweils durch einige angrenzende Perlen führen und abschneiden. Sekundenkleber hat sich hierbei bewährt, aber auch Zwei-Komponentenkleber ist zu empfehlen. Bei der Verwendung von Kraftkleber die längere Trockenzeit berücksichtigen.

Tipp: Wenn Sie etwas Zellstoff um die Tube Sekundenkleber wickeln, können Sie vermeiden, versehentlich mit herabrinnendem Klebstoff in Kontakt zu geraten.

Abschluss mit Quetschperle und Quetschkalotte

Durch Zusammendrücken von Metall-Quetschperlen können Perlen an bestimmten Stellen auf einem Faden oder Draht fixiert werden. Fädeln Sie bei Ketten und Armbändern zuerst eine Quetschperle auf den Faden und führen beide Enden von innen nach außen durch eine Quetschkalotte. Nach dem Zurückfädeln die Fäden abermals durch die Quetschkalotte und -perle führen und diese durch Zusammendrücken der Quetschperle in der Kalotte fixieren. Die Fadenenden abtrennen, etwas Kleber in die Quetschkalotte geben und diese mit einer Zange zusammendrücken. Quetschkalotten, die zur Seite hin geschlossen werden, haben keine entsprechende Öffnung, sondern eine kleine Aussparung für den Faden und werden erst nachträglich über die Quetschperle gestülpt.

Rohrsteckverschluss schließen

Das Ende eines oder mehrerer Drähte seitlich einführen und das Rohr am Ende mit einer Flachzange zusammendrücken. Beide Seiten verschließen. Der Verschluss lässt sich in der Mitte auseinander ziehen.

Eisiges Blau

Material

- Swarovski-Glasschliffperlen, Ø 4 mm: 100 eisblaue, 88 hellblaue
- 135 kristallfarbene, irisierende Glasschliffperlen, Ø 4 mm
- 1 Dose hellblaue Rocailles mit Silbereinzug, Ø 2 mm
- transparenter Perlonfaden, Ø 0,25 mm
- 6 platinfarbige Spaltringe
- 4 platinfarbige Karabiner-Schließen
- 2 Verlängerungskettchen
- 2 Ohrhaken
- 4 platinfarbige Quetschperlen
- 4 platinfarbige Quetschkalotten
- 2 transparente Brillenschlaufen

Kette

Fertigen Sie den Anhänger entsprechend dem Ringunter- und -aufbau mit einem 2 m langen Perlonfaden laut Vorlagenbogen. Gemäß Schritt 2 den Aufbau doppelt fädeln und anschließend entlang der Kanten zusätzliche Rocailles zur Stabilisierung einfügen (vgl. Schritt 3). Die Fäden verknoten. Nun einen 1,50 m langen Perlonfaden durch die rechte obere Glasschliffperle führen und ein Kettenband fädeln. Dabei abwechselnd drei eis- und drei hellblaue Swarovski-Glasschliffperlen einarbeiten. Nach Erreichen der gewünschten Länge beide Fäden durch einen Spaltring führen und zum Anfang zurückfädeln. Die Enden verknoten und das zweite Band entsprechend arbeiten. Einen Karabiner und ein Verlängerungskettchen in die Spaltringe einhängen.

Armband

Zunächst mit jeweils 50 cm langen Perlonfäden zwei Ringbausteine (Schritt 1–3) mit je zwei eisblauen und einer hellblauen und zwei Ringbausteine mit je zwei hellblauen und einer eisblauen Blüte fertigen. Eine Quetschperle auf einen 2 m langen Perlonfaden fädeln, die Fadenenden laut Grundanleitung durch eine Quetschkalotte führen und gemäß Vorlagenbogen die Ringbausteine in das Armband einarbeiten. Dabei auf abwechselnde Blütenfarben achten und entlang der Kanten der Ringbausteine zusätzliche Rocailles zur Stabilisierung einfügen. Mit einer Quetschkalotte und -perle enden und zurückfädeln. Hierbei den Aufbau der Ringbausteine doppelt fädeln. Einen Karabiner und ein Verlängerungskettchen an den Quetschkalotten befestigen.

Ohrschmuck

Je Ohrhänger mit einem 1 m langen Perlonfaden einen Ringbaustein (Schritt 1–3) arbeiten. Fädeln Sie die Schritte 2 und 3 auch auf der Rückseite und verbinden den Ohrschmuck gemäß Vorlagenbogen mit den Ohrhaken. Die Fäden seitlich zurückführen und verknoten. Dabei zusätzliche Rocailles zur Stabilisierung einfügen.

Brillenkette

Auf einen 1,80 m langen Perlonfaden laut Grundanleitung eine Quetschperle und eine -kalotte fädeln. Nun gemäß Vorlagenbogen mit doppeltem Faden eine Kette fädeln und mit einer Quetschkalotte und -perle enden. Zwei Karabiner an den Enden befestigen und damit die Kette in die Brillenschlaufen einhängen.

Ring

Den Ring mit einem 1 m langen Perlonfaden laut Schritt 1–4 vom Vorlagenbogen fertigen und schließen. Das Schmuckstück anprobieren und den Aufbau sowie das Ringband doppelt fädeln. Zum Schluss die Fäden gemäß Grundanleitung von Seite 4–5 verknoten.

Verschiedene Grüntöne

Material

- Swarovski-Glasschliffperlen, Ø 4 mm:
  25 grüne, 25 blaugrüne, 25 hellgrüne, 25 peridotfarbene
- 78 kristallfarbene, irisierende Glasschliffperlen, Ø 4 mm
- 1 Dose hellgrüne Rocailles mit Silbereinzug, Ø 2 mm
- transparenter Perlonfaden, Ø 0,25 mm
- 4 platinfarbige Spaltringe
- platinfarbiger Magnetverschluss
- platinfarbiger Federringverschluss
- 2 Ohrstecker
- 2 Strass-Steine mit Metallkessel zum Aufnähen, Ø 6 mm

Kette

Zu Beginn einen Anhänger mit einem 1,50 m langen Perlonfaden laut Vorlagenbogen entsprechend des Ringunter- und -aufbaus arbeiten. Nach Schritt 2 den Aufbau doppelt fädeln und wie beim Ring zusätzliche Rocailles zur Stabilisierung einfügen (vgl. Schritt 3). Die Fäden verknoten. Nun einen 1,50 m langen Perlonfaden durch die rechte obere Glasschliffperle führen und ein Kettenband fädeln (Schritt 3). Nach Erreichen der gewünschten Länge beide Fäden durch einen Spaltring führen und zum Anfang zurückfädeln. Die Enden verknoten und das zweite Band entsprechend arbeiten. Einen Magnetverschluss in die Spaltringe einhängen.

Armband

Mit einem 2 m langen Perlonfaden einen Riegel aus 11 vierfarbigen Blüten arbeiten (Schritt 1–2). Nach Schritt 2 den Aufbau doppelt fädeln und durch die letzte Glasschliffperle kreuzen. Nun das Band anschließen und laut dem Fädelmuster für das Ringband (Ring, Schritt 4) arbeiten. Nach Erreichen der gewünschten Länge beide Fäden durch einen Spaltring führen und zurückfädeln. Anschließend wie beim Ring den Faden durch die Seiten des Riegels zurückführen und zusätzliche Rocailles zur Stabilisierung einfügen (vgl. Ring, Schritt 4). Die Fäden durch die letzte Glasschliffperle kreuzen und das zweite Band entsprechend arbeiten. Nach dem Zurückfädeln die Enden verknoten und einen Federverschluss einhängen.

Ohrstecker

Den Strass durch Hochbiegen der Häkchen aus den Kesseln entfernen. Die Kessel umgekehrt auf die Platinen der Ohrstecker setzen und durch Umbiegen der Häkchen befestigen. Mit je 40 cm Perlonfaden laut Ring-Anleitung nur jeweils eine einzelne Blüte arbeiten (vgl. Ring, Schritt 1–2). Nach Schritt 2 die Fäden durch den Metallkessel und eine Glasschliffperle des Unterbaus kreuzen. Nun den Aufbau doppelt fädeln, abermals durch den Kessel kreuzen und die Fäden seitlich zurückführen. Dabei vier Rocailles an den Ecken einfügen. Zum Schluss die Fäden verknoten.

Ring

Den Ring mit einem 1 m langen Perlonfaden gemäß Schritt 1–4 des Vorlagenbogens fertigen und schließen. Wenn der Ring die richtige Größe hat, den Aufbau und das Ringband doppelt fädeln. Die Fäden laut Grundanleitung von Seite 4–5 verknoten.

Warme Erdtöne

Material

- Swarovski-Glasschliffperlen, Ø 4 mm: 24 gelbe, 48 topasfarbene, 66 indisch-rote, 48 rauch-topasfarbene
- 12 topasfarbene Glasschliffperlen, Ø 4 mm
- 1 Dose braune Rocailles mit Silbereinzug, Ø 2 mm
- transparenter Perlonfaden, Ø 0,25 mm
- 50 cm goldener Schmuckdraht, Ø 0,4–0,5 mm
- goldener Rohrsteckverschluss
- 4 goldene Spaltringe
- goldener Verschluss
- 2 goldene Prismenstifte, 40–45 mm lang
- 2 goldene Ohrhaken
- 9 goldene Quetschperlen
- 2 goldene Quetschkalotten
- 2 goldene Karabiner-Schließen
- 2 Brillenschlaufen

Kette

Stecken Sie ein Ende des Schmuckdrahtes in den Rohrsteckverschluss, drücken diesen am Ende zusammen und fädeln eine rote Swarovski-Glasschliffperle auf. Ein Stück Perlonfaden um den Schmuckdraht legen, die Enden zusammenfassen und den ersten Perlenstrang laut Vorlagenbogen auffädeln. Als Abschluss eine Quetschperle über beide Fäden führen und den Perlenstrang so weit zum Schmuckdraht schieben, dass eine kleine Öse verbleibt. Die Quetschperle zusammendrücken und gemäß Vorlagenbogen weiterarbeiten. Dabei auf die unterschiedliche Länge und Farbverteilung der Stränge achten. Den Draht auf die gewünschte Länge kürzen und das Ende im Verschluss befestigen.

Armband

Zunächst einen 1,80 m langen Perlonfaden durch einen Spaltring führen und laut Vorlagenbogen das Armband fädeln. Die Anzahl der Mustersätze aus Rocailles richtet sich nach der gewünschten Länge. Am Ende die Fäden durch einen Spaltring kreuzen, das Band zurückfädeln und einen Verschluss anbringen.

Ohrschmuck

Die Perlen gemäß Vorlage auf die Prismenstifte fädeln und diese bei Bedarf etwas kürzen. Das Stiftende zur Öse biegen und in den Ohrhaken einhängen.

Brillenkette

Führen Sie laut Grundanleitung eine Quetschperle und Quetschkalotte auf einen 1,80 m langen Perlonfaden und fädeln gemäß Vorlagenbogen mit doppeltem Faden eine Kette. Mit einer Quetschkalotte und -perle enden. Zuletzt zwei Karabiner an den Enden befestigen und damit die Kette in die Brillenschlaufen einhängen.

Ring

Mit einem 1,20 m langen Perlonfaden nach Schritt 1–3 auf dem Vorlagenbogen vorgehen. Den Aufbau doppelt fädeln und bei Schritt 4 zusätzliche Rocailles zur Stabilisierung einfügen. Das Ringband gemäß Zeichnung fädeln, den Ring schließen und anprobieren. Durch das Ringband zurückfädeln und die Fäden gemäß Grundanleitung von Seite 4–5 verknoten.

Rotes Feuer

Material

- Swarovski-Glasschliffperlen, Ø 4 mm: 34 indischrote, 40 granatrote, 50 siamrote, 49 hellrote
- 79–81 topasfarbene Glasschliffperlen, Ø 4 mm
- 1 Dose rote Rocailles mit Silbereinzug, Ø 2 mm
- transparenter Perlonfaden, Ø 0,25 mm
- 50 cm goldener Schmuckdraht, Ø 0,4–0,5 mm
- goldener Rohrsteckverschluss
- 5 goldene Spaltringe
- 2 goldene Ohrhaken
- 4 goldene Quetschperlen
- 4 goldene Quetschkalotten
- 4 goldene Karabiner-Schließen
- 2 schwarze Brillenschlaufen

Kette

Zunächst mit einem 1,50 m langen Perlonfaden laut Ring-Anleitung (Schritt 1–4) einen Anhänger fertigen und die Enden verknoten. Nun einen 1,50 m langen Perlonfaden durch einen Spaltring ziehen und gemäß Vorlagenbogen das Kettenband fädeln. Nach Erreichen der gewünschten Länge beide Fäden durch die rechte obere Glasschliffperle des Anhängers kreuzen und zum Anfang zurückfädeln. Die Enden verknoten und das zweite Band entsprechend arbeiten. Hängen Sie einen Karabiner als Verschluss ein.

Armband

Für das Armband einen 1,80 m langen Perlonfaden durch einen Spaltring führen und laut Vorlagenbogen die Perlen auffädeln. Die Anzahl der Mustersätze aus Rocailles richtet sich nach der gewünschten Länge. In der Bandmitte abwechselnd vier Blüten aus hell- und siamroten Swarovski-Glasschliffperlen und drei Blüten aus indisch- und granatroten Perlen fädeln. Am Ende die Fäden durch einen Spaltring kreuzen, das Band zurückfädeln und einen Verschluss anbringen.

Ohrschmuck

Für die Ohrhänger laut Vorlagenbogen einen Unterbau fädeln und zur Kugel schließen. Nun ringsum vier Blüten aus hell- und siamroten Swarovski-Glasschliffperlen und seitlich zwei Blüten aus indisch- und granatroten Perlen auf den Unterbau fädeln (vgl. Ring, Schritt 2). Schließlich gemäß Vorlage eine Aufhängung arbeiten und die Fadenenden, wie in der Grundanleitung auf Seite 4–5 beschrieben, in einer Quetschkalotte fixieren. Den Ohrhaken an der Quetschkalotte befestigen.

Ring

Den Ring mit einem 1,80 m langen Perlonfaden gemäß Schritt 1–3 des Vorlagenbogens fertigen. Den Aufbau hierbei doppelt fädeln und bei Schritt 4 zusätzliche Rocailles zur Stabilisierung einfügen. Das Ringband laut Schritt 5 fädeln, den Ring schließen und anprobieren. Zuletzt durch das Ringband zurückfädeln und die Fäden laut Grundanleitung von Seite 4–5 verknoten.

Brillenkette

Eine Quetschperle und -kalotte laut Grundanleitung auf einen 1,80 m langen Perlonfaden fädeln und gemäß Vorlagenbogen mit doppeltem Faden eine Kette fertigen. Mit einer Quetschkalotte und -perle enden. Zwei Karabiner an den Enden befestigen und damit die Kette in die Brillenschlaufen einhängen.

Kreuz mit Strass

Armband

Fädeln Sie eine Quetschperle auf einen 2 m langen Perlonfaden, führen die Fadenenden durch eine Quetschkalotte und fädeln laut Vorlagenbogen weiter. Dabei in der Bandmitte 8 Bausteine mit Strass entsprechend den Detailzeichnungen (D1-3) mit einarbeiten. Die Anzahl der Mustersätze aus Rocailles richtet sich nach der gewünschten Länge. Mit einer Quetschkalotte und -perle enden und zurückfädeln. Einen Magnetverschluss in die Quetschkalotten einhängen.

Material

- 93 schwarze, irisierende Glasschliffperlen, Ø 4 mm
- 22 Strass-Steine zum Aufnähen mit tiefem Kessel
- 1 Dose schwarze, opake Rocailles, Ø 2 mm
- transparenter Perlonfaden, Ø 0,25 mm
- schwarzes Velourlederband
- 4 platinfarbige Quetschperlen
- 2 platinfarbige Quetschkalotten
- 2 platinfarbige Ohrhaken
- platinfarbiger Magnetverschluss

Kreuzanhänger

Zunächst mit einem 1,80 m langen Perlonfaden laut Vorlagenbogen ein Kreuz fertigen und anschließend die Strass-Steine einfügen (Schritt 2–3). Gemäß Schritt 4 zusätzliche Rocailles zur Stabilisierung einfädeln und die kleinen Ecken sowie eine Aufhängeöse fertigen. Nun die Kanten und die kleinen Ecken doppelt fädeln und die Fäden laut Grundanleitung verknoten. Mit einem 40 cm langen Faden laut Schritt 5 eine Schlaufe arbeiten, vor dem Schließen durch die Öse des Anhängers führen und doppelt fädeln. Zum Schluss die Fäden verknoten und das Lederband durch die Schlaufe ziehen.

Ohrschmuck

Zunächst laut Ring-Anleitung (Schritt 1–2) mit einem 50 cm langen Perlonfaden ein Kreuz fertigen und dieses gemäß Ohrschmuck-Zeichnung doppelt fädeln. Die Fadenenden gemeinsam durch eine Quetschperle führen. Die Perle zusammendrücken, die Fadenenden abschneiden und das Kreuz in einen Ohrhaken hängen.

Ring

Fertigen Sie mit einem 1 m langen Perlonfaden gemäß Schritt 1 ein Kreuz. Laut Schritt 2 einen Strass-Stein einsetzen und das Kreuz in der Länge doppelt fädeln. Die Fäden zurückführen (Schritt 3) und dabei die Seitenarme doppelt fädeln. Auf der Unterseite das Ringband anfügen, den Ring entsprechend Schritt 4 schließen und anprobieren. Fädeln Sie durch das Ringband zurück und verknoten die Fäden gemäß Grundanleitung.

Kreuz in Rot-Schwarz

Material
- Swarovski-Glasschliffperlen, Ø 4 mm: 46 hellrote, 24 schwarze
- 43 schwarze Glasschliffperlen, Ø 4 mm
- 1 Dose schwarze, opake Rocailles, Ø 2 mm
- transparenter Perlonfaden, Ø 0,25 mm
- 50 cm schwarzer Schmuckdraht, Ø 0,4–0,5 mm
- 2 goldene Ohrstecker
- 2 Strass-Steine mit Metallkessel zum Aufnähen, Ø 6 mm
- 10 goldene Quetschperlen
- 4 goldene Quetschkalotten
- goldener Spaltring
- goldenes Verlängerungskettchen
- 2 goldene, verzierte Karabiner-Schließen

Armband
Für das Armband den Ringaufbau laut Schritt 1–6 mit einem 70 cm langen Perlonfaden fertigen, dabei die Swarovski-Glasschliffperlen im Aufbau doppelt fädeln und die Fäden gemäß Grundanleitung verknoten. Eine Quetschperle auf einen 80 cm langen Faden fädeln, die Fadenenden durch eine Quetschkalotte führen und laut Vorlagenbogen das Armband fertigen. Dabei die kleine Blüte direkt einarbeiten. Hierfür die Ringmitte (Schritt 1–2) fädeln und nun wie beim Ohrschmuck zusätzliche Rocailles an den Ecken einfügen. Das Band gemäß Zeichnung in den Ringaufbau einhängen und anschließend zurückfädeln. Das zweite Band entsprechend arbeiten und ein Verlängerungskettchen sowie einen Karabiner einhängen.

Ohrstecker
Den Strass durch Hochbiegen der Häkchen aus den Kesseln entfernen. Die Kessel umgekehrt auf die Platinen der Ohrstecker setzen und durch Zurückbiegen der Häkchen befestigen. Mit einem 40 cm langen Perlonfaden die Ringmitte (Schritt 1–2) arbeiten und die Fäden durch den Metallkessel und eine Glasschliffperle des Unterbaus kreuzen. Nun den Aufbau doppelt fädeln, abermals durch den Kessel kreuzen und die Fäden seitlich zurückführen. Dabei gemäß Zeichnung an den Ecken vier Rocailles einfügen und die Fäden verknoten. Einen 20 cm langen Perlonfaden durch eine der Rocailles führen und mit einer Quetschperle fixieren. Die Perlen laut Vorlage auffädeln und mit einer Quetschperle sichern.

Ring
Für den Ring einen 1 m langen Perlonfaden nutzen. Die Ringmitte laut Schritt 1–2 fertigen und mit einem Faden gemäß Fädelschema Schritt 3–4 den Rand arbeiten. Diesen mit dem anderen Faden gegengleich doppelt fädeln (Schritt 5–6) bis beide Fäden wieder am Ausgangspunkt angelangt sind. Auf der Unterseite das Ringband anfügen (Schritt 7), den Ring schließen und anprobieren. Nun die Fäden nochmals durch die Swarovski-Glasschliffperlen aus Schritt 2 führen und das Ringband doppelt fädeln. Zum Schluss die Fäden gemäß Grundanleitung von Seite 4–5 verknoten.

Kreuzanhänger

Zunächst ein Kreuz mit einem 1,20 m langen Perlonfaden laut Schritt 1–3 fertigen. Zusätzliche Rocailles zur Stabilisierung gemäß Schritt 4 einfädeln und eine Aufhängeöse fertigen. Anschließend den Aufbau aus Swarovski-Glasschliffperlen doppelt fädeln und die Fäden gemäß Grundanleitung verknoten. Führen Sie den Schmuckdraht durch die beiden mittleren Rocailles der Öse. Auf die Drahtenden jeweils eine Quetschkalotte und eine Quetschperle schieben, die Perle zusammendrücken und die Kalotte darüber schließen. Einen Verschluss und einen Spaltring einhängen.

Verschiedene Blautöne

Material

- Swarovski-Glasschliffperlen, Ø 4 mm: 25 eisblaue, 27 hellblaue, 27 blaue, 25 blaugrüne
- 59–62 hellblaue, irisierende Glasschliffperlen, Ø 4 mm
- 1 Dose dunkelblaue, gelüsterte Rocailles, Ø 2,6 mm
- transparenter Perlonfaden, Ø 0,25 mm
- 2 x 50 cm platinfarbiger Schmuckdraht, Ø 0,4–0,5 mm
- silberfarbiger Rohrsteckverschluss
- 2 platinfarbige Spaltringe
- 2 platinfarbige Creolen, Ø 30 mm
- 2 platinfarbige Ohrhaken
- platinfarbige Karabiner-Schließe

Kette

Den Anhänger mit einem 1,40 m langen Perlonfaden laut Ring-Anleitung (Schritt 1–4) fertigen. Auf der Anhängerrückseite zusätzliche Rocailles als Aufhängung anbringen und die Collierdrähte hindurchziehen. Nun laut Vorlagenbogen Rocailles und Swarovski-Glasschliffperlen auf die Collierdrähte fädeln. Die Drähte auf die gewünschte Länge kürzen und die Enden im Verschluss befestigen.

Ohrschmuck

Öffnen Sie die Creolen und fädeln gemäß Vorlage die Swarovski-Glasschliffperlen und Rocailles auf. Die Creolen schließen. Den Verschluss dabei eventuell zusammendrücken und in die Ohrhaken einhängen.

Armband

Führen Sie einen 1,80 m langen Perlonfaden durch einen Spaltring und fädeln laut Vorlagenbogen das Armband. In der Bandmitte insgesamt fünf Einzelblüten einarbeiten. Hierfür gemäß Detailzeichnungen (D1–3) den Untersowie den Aufbau fertigen und im Anschluss die noch fehlenden Rocailles einfügen. Nun die Fäden durch einen Spaltring kreuzen und durch das Band zurückfädeln. Dabei den Aufbau der Blüten doppelt fädeln. Einen Karabiner als Verschluss anbringen.

Tipp!

Wenn Sie ein Verlängerungskettchen einhängen, lässt sich die Länge des Armbandes beliebig variieren.

Ring

Mit einem 1,40 m langen Perlonfaden laut Schritt 1–3 des Vorlagenbogens beginnen, den Aufbau doppelt fädeln und bei Schritt 4 zusätzliche Rocailles zur Stabilisierung einfügen. Das Ringband gemäß Schritt 5 fädeln, den Ring schließen und anprobieren. Den Faden durch das Ringband zurückfädeln und die Fäden gemäß Grundanleitung von Seite 4–5 verknoten.

Weiß-Grau

Material

- 49 graue Swarovski-Glasschliffperlen, Ø 4 mm
- 24 weiß gemusterte Glasperlen, Ø 6 mm
- 1 Dose kristallfarbene Rocailles mit Silbereinzug, Ø 2,6 mm
- transparenter Perlonfaden, Ø 0,25 mm
- 50 cm platinfarbiger Schmuckdraht, Ø 0,4–0,5 mm
- silberfarbiger Rohrsteckverschluss
- platinfarbiger Magnetverschluss
- 4 platinfarbige Quetschkalotten
- 4 platinfarbige Quetschperlen
- 2 platinfarbige Ohrhaken

Ring

Für den Ring einen 1 m langen Perlonfaden nutzen und laut Schritt 1–3 auf dem Vorlagenbogen vorgehen. Bei Schritt 4 die Ecken gegengleich doppelt fädeln und anschließend das Ringband (Schritt 5) fertigen. Den Ring schließen und anprobieren. Nun die Fäden noch einmal durch die Swarovski-Glasschliffperlen führen und das Ringband doppelt fädeln. Die Fäden gemäß Grundanleitung von Seite 4–5 verknoten.

Kette

Arbeiten Sie mit 1 m Perlonfaden zunächst gemäß Ring-Anleitung (Schritt 1–4) einen Anhänger und versehen diesen laut Vorlagenbogen mit einer Aufhängung. Die Fäden durch die Aufhängung und die Swarovski-Glasschliffperlen zurückführen und verknoten. Nun den Schmuckdraht durch die mittlere Swarovski-Glasschliffperle ziehen, auf die gewünschte Länge kürzen und die Enden im Steckverschluss befestigen.

Armband

Eine Quetschperle auf einen 2 m langen Perlonfaden fädeln, die Fadenenden laut Grundanleitung durch eine Quetschkalotte führen und gemäß Vorlagenbogen weiterarbeiten. Dabei in der Bandmitte den Ringaufbau (Schritt 1–4 und durch die Swarovski-Glasschliffperlen zurück) dreimal mit einarbeiten. Die Anzahl der Mustersätze aus Rocailles richtet sich nach der gewünschten Länge. Mit einer Quetschkalotte und -perle enden und zurückfädeln. Einen Magnetverschluss in die Quetschkalotten einhängen.

Ohrschmuck

Eine Glasperle auf einen 25 cm langen Perlonfaden fädeln und laut Vorlage beidseitig je eine Swarovski-Glasschliffperle und 8 Rocailles hinzufügen. Die Fadenenden durch eine zweite Glasperle kreuzen und weitere Rocailles auffädeln. Mit einer Quetschkalotte und -perle enden und das Ganze am Ohrhaken befestigen.

Tipp!

Diese Kollektion sieht auch mit anderen Glas- oder Glasschliffperlen der Größe 6 mm sehr gut aus.

Muschelperlen

Material
- 44 karamelfarbene Swarovski-Glasschliffperlen, Ø 4 mm
- 1 Dose naturfarbene, runde Muschelperlen, Ø 4 mm
- 1 Dose naturfarbene, sichelförmige Muschelperlen
- kupferfarbene Rocailles mit Silbereinzug: Ø 2,6 mm und 2 mm
- transparenter Perlonfaden, Ø 0,25 mm
- 2 m goldfarbiger Schmuckdraht, Ø 0,4–0,5 mm
- naturfarbenes Lederband, Ø 1,5 mm
- 2 Verbinder für Lederriemen
- 2 goldene Karabiner-Schließen
- 2 goldene Quetschkalotten
- goldene Quetschperlen
- 3 goldene Spaltringe
- 2 goldene Ohrhaken
- Collierschlaufe

Armband

Eine Quetschperle auf einen 2 m langen Perlonfaden fädeln, die Fadenenden durch eine Quetschkalotte führen und das Armband laut Vorlagenbogen fertigen. Die höhere Blüte in der Bandmitte direkt mit einarbeiten. Hierfür gemäß Ohrschmuck-Vorlage (Schritt 1–2) die Blüte fädeln und zusätzliche Rocailles an den Ecken einfügen. Das Band gegengleich beenden und zurückfädeln. Dabei den Aufbau der Blüte doppelt fädeln. Einen Spaltring und einen Karabiner als Verschluss anbringen.

Ohrschmuck

Die kleinen Anhänger gemäß Vorlagenbogen (Schritt 1–4) mit einem 40 cm langen Perlonfaden fertigen. Die Aufhängung und den Aufbau doppelt fädeln und die Ohrhaken einhängen.

Kette

Den Anhänger mit einem 80 cm langen Perlonfaden laut Ring-Anleitung (Schritt 1–3) fertigen und gemäß Zeichnung weitere Rocailles und eine Aufhängung ergänzen. Die Aufhängung und den Aufbau doppelt fädeln und die Fäden verknoten. Die Collierschlaufe einhängen und das Lederband hindurchziehen. Nun elf Perleneinheiten laut Vorlage auf 1 m Schmuckdraht verteilen, mit Quetschperlen fixieren und dabei die oberen 20 cm jeweils freilassen. Außer den Drahtenden alle Drahtabschnitte zwischen den Perlen wellen. Dafür den Draht über die Kante einer Schere oder Zange ziehen. Einen zweiten Draht in gleicher Weise wellen und komplett mit den kleineren Rocailles versehen. Beide Drähte mehrfach um das Lederband winden und vorsichtig durch die Collierschlaufe schieben. Das Lederband und die Drähte mit etwas Kleber in den Verbindern befestigen. Zuletzt Spaltringe und einen Karabiner als Verschluss einhängen.

Tipp!
Wenn Sie es weniger aufwändig lieben, tragen Sie den Anhänger nur mit einem Lederband.

Ring

Das Schmuckstück mit einem 1 m langen Perlonfaden nach Schritt 1–4 auf dem Vorlagenbogen fertigen. Nun den Ring gemäß Vorlage schließen, anprobieren und den Aufbau und das Ringband doppelt fädeln. Zum Schluss die Fäden laut Grundanleitung verknoten.

Blau-Kristall

Material

- Swarovski-Glasschliffperlen, Ø 4 mm: 24 kristallfarben-irisierende, 24 blaue
- 7 hellblaue Glasschliff-Würfelperlen, 6 mm groß
- 6 hellblaue Glasschliff-Würfelperlen, 4 mm groß
- 1 Dose kristallfarbene Rocailles mit Silbereinzug, Ø 2–2,3 mm
- transparenter Perlonfaden, Ø 0,25 mm
- blauer Schmuckdraht, Ø 0,5 mm, 1,75 m lang
- silberfarbiger Rohrsteckverschluss
- 2 platinfarbige Ohrhaken
- platinfarbige Karabiner-Schließe
- platinfarbiger Spaltring
- 6 platinfarbige Quetschperlen
- 2 platinfarbige Quetschkalotten

Ohrschmuck

Die Perlen gemäß Vorlagenbogen je Ohrring auf 12 cm lange Schmuckdrähte fädeln. Aus den Drähten Ringe formen. Dazu die Drahtenden durch eine Quetschperle kreuzen und diese zusammendrücken. Die Drahtenden gemeinsam durch eine zweite Quetschperle zu einer Öse führen. Zuletzt die Perle quetschen, die Drahtenden abtrennen und die Ohrhaken einhängen.

Collier

Die Perlen laut Vorlagenbogen auf drei 50 cm lange Schmuckdrähte fädeln. Die Drähte anschließend auf die gewünschte Länge kürzen und die Enden im Steckverschluss befestigen.

Ring

Für den Ring einen 1 m langen Perlonfaden nutzen und nach Schritt 1–4 auf dem Vorlagenbogen vorgehen. Den Ring laut Vorlage schließen und anprobieren. Schließlich den Ring gemäß Schritt 5 doppelt fädeln und die Fäden verknoten.

Armband

Den Ringbaustein mit einem 80 cm langen Perlonfaden gemäß Schritt 1–3 arbeiten, laut Schritt 5 doppelt fädeln und die Fäden verknoten. Nun eine Quetschperle auf einen 80 cm langen Perlonfaden fädeln, die Fadenenden durch eine Quetschkalotte führen und das Armband gemäß Vorlagenbogen fertigen. Das Band laut Vorlage am Ringbaustein befestigen und zurückfädeln. Das zweite Band entsprechend arbeiten und einen Karabiner sowie einen Spaltring als Verschluss befestigen.

Lindgrün-Gelb

Material

- Swarovski-Glasschliffperlen, Ø 4 mm: 25 olivfarbene, 24 gelbe
- 4 lindgrüne Polarisperlen mit Strasseinsatz, Ø 10 mm
- 1 Dose kristallfarbene Rocailles mit Silbereinzug, Ø 2–2,3 mm
- transparenter Perlonfaden, Ø 0,25 mm
- 50 cm platinfarbiger Schmuckdraht, Ø 0,4–0,5 mm
- silberfarbiger Rohrsteckverschluss
- 2 platinfarbige Prismenstifte, 40–45 mm lang
- 2 platinfarbige Ohrhaken
- platinfarbige Karabiner-Schließe
- Verlängerungskettchen
- 2 platinfarbige Quetschperlen
- 2 platinfarbige Quetschkalotten

Ohrschmuck

Die Perlen gemäß Vorlage auf die Prismenstifte fädeln und diese bei Bedarf etwas kürzen. Das Stiftende zur Öse biegen und in den Ohrhaken einhängen.

Kette

Den Anhänger mit einem 80 cm langen Perlonfaden laut Ring-Anleitung (Schritt 1–3) beginnen und anschließend gemäß Zeichnung eine Aufhängung anbringen. Die Aufhängung und den äußeren Rand doppelt fädeln und die Fäden verknoten. Den Schmuckdraht durch die mittlere Swarovski-Glasschliffperle der Aufhängung führen, auf die gewünschte Länge kürzen und die Enden im Steckverschluss befestigen.

Armband

Zunächst eine Quetschperle auf einen 1,80 m langen Perlonfaden fädeln, die Fadenenden durch eine Quetschkalotte führen und das Armband laut Vorlagenbogen fertigen. Am anderen Ende die Fäden durch eine Quetschkalotte und Quetschperle führen und das Band zurückfädeln. Ein Verlängerungskettchen und einen Karabiner befestigen.

Ring

Arbeiten Sie mit einem 1 m langen Perlonfaden nach den Zeichnungen 1–3 auf dem Vorlagenbogen und fügen bei Schritt 4 zusätzliche Rocailles ein. Anschließend das Ringband gemäß Schritt 5 fädeln und den Ring schließen, indem Sie durch zwei Perlen des unteren Rocailles-Kreises kreuzen. Den Ring anprobieren und das Ringband doppelt fädeln. Abschließend die Fäden gemäß Grundanleitung von Seite 4–5 verknoten.

Rosenquarz

Material

- 50 hellamethystfarbene Swarovski-Glasschliffperlen, Ø 4 mm
- 1 Dose Rosenquarz-Perlen, Ø 4 mm
- 1 Dose Rosenquarz-Würfel, Ø 4 mm
- 1 Dose kristallfarbene, gelüsterte Rocailles, Ø 2,6 mm
- transparenter Perlonfaden, Ø 0,25 mm
- platinfarbiger Magnetverschluss
- 4 platinfarbige Quetschkalotten
- 12 platinfarbige Quetschperlen
- platinfarbiger Spaltring
- 2 platinfarbige Ohrhaken
- platinfarbige, verzierte Karabiner-Schließe

Armband

Fädeln Sie mit einem 80 cm langen Perlonfaden die Ringmitte und den Ringrand von Schritt 1–3 und verknoten die Fäden gemäß Grundanleitung. Eine Quetschperle auf einen 80 cm langen Perlonfaden fädeln, die Fadenenden durch eine Quetschkalotte führen und laut Vorlagenbogen das Armband fertigen. Das Band gemäß Zeichnung einhängen und anschließend zurückfädeln. Das zweite Band entsprechend fertigen und zuletzt einen Magnetverschluss einhängen.

Kette

Die Anhängermitte mit einem 1,40 m langen Perlonfaden nach Ring-Anleitung (Schritt 1–3) beginnen. Anschließend nach dem Fädelschema zur Kette einen weiteren Rand hinzufügen und aus den Fadenenden zwei Stränge fädeln. Diese nach Wunsch mit einem zusätzlichen Perlonfaden verstärken. Die Perlenstränge mit jeweils einer Quetschperle sichern. Nun laut Vorlage 80 cm Perlonfaden durch vier Rocailles am Rand führen und das Kettenband fädeln. Nach Erreichen der gewünschten Länge mit einer Quetschkalotte und Quetschperle laut Grundanleitung abschließen, das zweite Kettenband entsprechend fertigen und einen Karabiner und einen Spaltring einhängen.

Ohrschmuck

Einen 30 cm langen Perlonfaden durch die Ohrhaken führen und mit einer Quetschperle fixieren. Beide Fadenenden durch eine Swarovski-Glasschliffperle ziehen. Nun laut Vorlagenbogen zwei Perlenstränge fädeln und mit Quetschperlen sichern.

Ring

Den Ring mit einem 1 m langen Perlonfaden fertigen. Zunächst nach Schritt 1–2 die Ringmitte arbeiten und den Rand gemäß Schritt 3 hinzufügen. Diesen mit einem Faden doppelt fädeln und das Ringband laut Schritt 4 ergänzen. Den Ring schließen, anprobieren und das Ringband doppelt fädeln. Zuletzt die Fäden gemäß Grundanleitung verknoten.

Topas

Material

- Swarovski-Glasschliffperlen, Ø 4 mm: 50 rauchtopasfarbene, 24 topasfarbene
- 24 topasfarbene Swarovski-Würfel, 4 mm groß
- 1 Dose topasfarbene Rocailles mit Silbereinzug, Ø 2–2,3 mm
- transparenter Perlonfaden, Ø 0,25 mm
- 2 goldene Ohrhaken
- 2 goldene Prismenstifte, 40–45 mm lang
- 2 goldfarbige Magnetverschlüsse
- 4 goldene Quetschperlen
- 4 goldene Quetschkalotten

Kette

Fertigen Sie mit einem 1 m langen Perlonfaden eine Ringblüte gemäß Schritt 1–5 und fädeln laut Schritt 5 doppelt. Die Fäden verknoten. Zwei weitere Ringblüten fertigen und diese bei Schritt 5, wie auf dem Vorlagebogen gezeigt, mit der ersten Blüte verbinden. Nun eine Quetschperle auf einen 1,50 m langen Perlonfaden fädeln und die Fadenenden gemäß Grundanleitung durch eine Quetschkalotte führen. Das Kettenband laut Vorlagenbogen fertigen, einhängen und anschließend zurückfädeln. Das zweite Band entsprechend arbeiten und abschließend einen Magnetverschluss befestigen.

Ohrschmuck

Die Perlen laut Vorlagenbogen auf die Prismenstifte fädeln und diese bei Bedarf etwas kürzen. Das Stiftende zur Öse biegen und in den Ohrhaken einhängen.

Armband

Auch hier zunächst die Ringblüte fertigen. Dazu einen 1 m langen Perlonfaden nutzen und die Ringblüte gemäß Schritt 1–5 fädeln. Bei Schritt 5 doppelt fädeln und die Fäden verknoten. Nun eine Quetschperle auf einen 1 m langen Faden schieben, die Fadenenden durch eine Quetschkalotte führen und das Armband laut Vorlagenbogen fertigen. Das Band entsprechend der Vorlage einhängen und zurückfädeln. Das zweite Band ebenso fertigen und einen Magnetverschluss befestigen.

Ring

Stellen Sie mit einem 1,30 m langen Perlonfaden nach Schritt 1–4 auf dem Vorlagenbogen eine Ringblüte her und fädeln den äußeren Rand gemäß Schritt 5 doppelt, bis beide Fäden wieder am Ausgangspunkt angelangt sind. Auf der Unterseite das Ringband anfügen (Schritt 6), den Ring schließen und anprobieren. Nun das Ringband doppelt fädeln und die Fäden gemäß Grundanleitung von Seite 4–5 verknoten.

Das Handy fürs Handy

Material

- Glasschliffperlen, Ø 4 mm:
  60 kristallfarbene, 7 schwarze, 4 graue
- kristallfarbene Rocailles mit Silbereinzug, Ø 2,6 mm
- transparenter Perlonfaden, Ø 0,25 mm
- 2 platinfarbene Quetschperlen
- platinfarbige Quetschkalotte
- platinfarbige Karabiner-Schließe
- platinfarbiger Prismenstift, 40–45 mm lang
- Dekorationskit und ggf. Handyschlaufe

Zu Beginn gemäß Vorlagenbogen (Schritt 1) ein Grundgerüst fertigen und dieses doppelt fädeln. Das Grundgerüst zur Hälfte umklappen. Nun die oberen Kanten und dann beide Seiten gemäß Schritt 2 durch das Einfügen weiterer Glasschliffperlen miteinander verbinden. Mit einem Faden entlang der vorderen Kanten und mit dem anderen Faden entlang der hinteren Kanten zusätzliche Rocailles zur Stabilisierung einfügen (Schritt 3). Die Fäden treffen sich auf der Oberseite an der hinteren rechten oder linken Ecke. Je Faden 3 cm Rocailles auffädeln und beide Fäden mittels Quetschperle in einer Quetschkalotte fixieren. Einen Karabiner an der Kalotte einhängen. Für die Antenne einen Prismenstift gemäß Zeichnung an der gegenüberliegenden, hinteren Kante von unten her durch zwei Glasschliffperlen schieben. Zwei kristallfarbene und eine schwarze Perle darauf setzen und das Ganze mit einer Quetschperle fixieren. Bei einem Handy ohne Öse ein Dekorationskit aufkleben und das Mini-Handy dranhängen oder dieses mittels Handyschlaufe befestigen.

Handykette

Material

- Glasschliffperlen, Ø 4 mm:
  24 kristallfarbene, 18 schwarze, 21 graue
- kristallfarbene Rocailles mit Silbereinzug, Ø 2,6 mm
- transparenter Perlonfaden, Ø 0,25 mm
- 2 platinfarbene Quetschperlen
- 2 platinfarbige Quetschkalotte
- 2 platinfarbige Karabiner-Schließen
- Handyschlaufe

Eine Quetschperle und eine Quetschkalotte laut Grundanleitung von Seite 4–5 auf einem 1,8 m langen Perlonfaden befestigen. Nun gemäß Vorlagenbogen mit doppeltem Faden die Mustersätze 1 und 2 abwechselnd auffädeln. Dazwischen immer 3,3 cm Rocailles einfügen. Nach neun Mustersätzen mit einer Quetschkalotte und -perle enden. Zwei Karabiner an den Enden befestigen und damit die Kette in die Handyschlaufe einhängen.